丝 路 上 的 华 美

敦 煌 圆 光

敦煌圆光

杨东苗　金卫东

编绘

浙江人民美术出版社

图书在版编目（CIP）数据

敦煌圆光 / 杨东苗，金卫东编绘. -- 杭州 : 浙江人民美术出版社，2024.5
（丝路上的华美）
ISBN 978-7-5340-7900-9

Ⅰ. ①敦… Ⅱ. ①杨… ②金… Ⅲ. ①敦煌壁画—图集 Ⅳ. ①K879.412

中国版本图书馆CIP数据核字（2019）第299281号

责任编辑：雷　芳
责任校对：黄　薇
责任印制：陈柏荣
装帧设计：张弥迪

丝路上的华美

敦煌圆光

杨东苗　金卫东　编绘

出版发行：浙江人民美术出版社
地　　址：杭州市环城北路177号
经　　销：全国各地新华书店
制　　版：杭州真凯文化艺术有限公司
印　　刷：浙江新华数码印务有限公司
开　　本：889mm×1194mm 1/12
印　　张：19
字　　数：150千字
版　　次：2024年5月第1版
印　　次：2024年5月第1次印刷
书　　号：ISBN 978-7-5340-7900-9
定　　价：188.00元

如发现印装质量问题，影响阅读，请与出版社营销部联系调换。

前　言

圆光是佛像或菩萨像头部后面的圆形装饰图案，也叫项光、头光、顶光，是法力、智慧与威仪的象征。圆光源于地中海早期宗教中神明的灵光，后经佛教的传播进入中国。

北魏时期的圆光图案朴实无华，一般是在叠套的圆圈外围画上左右对称向上升腾的火焰，表明绘画者对光明的理解，这也是佛教艺术的特有表现形式，火焰与光明是佛教教义中力量的象征。这种手法的成功移植，是用艺术传达语言文字的尝试。到了隋代，圆光渐趋华丽。唐代圆光则成为壁画及彩塑人物的重要装饰。圆光图案限定在圆圈内作环形装饰，保持着其圆弧的基本形态。也有个别圆光由整铺的团花构成，如莫高窟四四四窟的圆光就是一幅优美的、结构严谨而规范的团花圆光。莫高窟二一七窟是盛唐的代表窟之一，窟内花团锦簇的环状图案体现了盛唐的艺术风格，是圆光最为亮丽的一窟。

藻井井心的圆形适合纹，一般都是由多种纹样混合组成，同一纹样组成的不多。圆形适合纹样结构有两种，一是十字或米字形结构，一是辐射状结构。两种结构都是把一个圆形划分成四份、八份或十二份，纹样由中心向外作层层扩展分布。十字或米字形结构都是均匀的散开式布局，以茎蔓串联，纹样与空间保持等量、规整的状态，简洁大方，布局结构稳定中又见流动。辐射状结构是把各种单位纹样作环形状连成一个整体，其实辐射结构也是由米字形结构发展而来的。这种圆形适合纹样，又有离心与向心两种。离心式是指花形由内向外开放，向心式是指花形由外向内对开。五代、西夏藻井井心的圆形适合纹已成为了团龙的天下，体现了封建皇权对佛教艺术的影响。

由于佛、菩萨、弟子身份的不同，装饰纹纹样也有区别。一般而言，佛的头光与背光最为华丽而庄严，菩萨的则华丽而多样，弟子的一般是相似的团花。

圆光是西传而来的神灵的装饰品，在中国佛教艺术中被演进得最为华丽多样。印度、中亚、西亚、欧洲的神灵均有象征着智慧与威严的头光，有的是四射的光芒，像发光的明灯一样；有的是一圆环。从宙斯神像到普通的小天使，从古婆罗门教到基督教，其神灵都可以有圆光，圆光的形状及大小成为定位身份的符号。在中国五代后的壁画中，儒家士大夫与道教神仙也"佩戴"上了圆光，是儒释道三教合一的壁画实物体现。

中国的圆光由早期的单圆圈发展到套圈，继而又发展到多层套叠环边饰罗列的辉煌斑斓形式，构成了由简到繁的发展演变历程。

现代的任何一门装饰艺术也不过走过了百余年的历程，而敦煌图案艺术在千余年的历史长河中应该展现的美丽浪花，都得以完美、尽情地展现。今天，我们如果也能像当年的敦煌画师一样，发挥想象力、创造力，不断实践，洋为中用，古为今用，那么，已经繁荣发达的装饰艺术将会更多姿多彩。

金卫东

于西安杨东苗敦煌艺术工作室

二〇二三年六月

目 录

圆光图案 ································ 001

 火焰纹圆光 ···························· 003
 莫高窟　275 窟　北凉

 三鹿莲花藻井心 ······················ 004
 莫高窟　272 窟　北凉

 奏乐飞天圆光 ························ 005
 龙门石窟　北魏

 莲花藻井心 ···························· 006
 莫高窟　285 窟　西魏

 莲花藻井心 ···························· 007
 莫高窟　428 窟　北周

 火焰忍冬纹圆光 ···················· 008
 莫高窟　419 窟　隋代

 绿底点金圆光 ························ 009
 莫高窟　404 窟　隋代

 莲花连珠纹圆光 ···················· 010
 莫高窟　304 窟　隋代

 晕纹莲花藻井心 ···················· 011
 莫高窟　398 窟　隋代

 晕纹化生藻井心 ···················· 012
 莫高窟　380 窟　隋代

 连珠狩猎纹饰 ························ 013
 莫高窟　420 窟　隋代

 连珠狩猎纹饰（局部） ········ 014
 莫高窟　420 窟　隋代

 忍冬纹圆光 ···························· 015
 莫高窟　427 窟　隋代

 忍冬纹圆光 ···························· 016
 莫高窟　401 窟　隋代

 千佛莲花圆光 ························ 017
 莫高窟　244 窟　隋末唐初

 千佛莲花圆光 ························ 018
 莫高窟　244 窟　隋末唐初

 方碧环圆光 ···························· 019
 莫高窟　57 窟　初唐

 花叶圆光 ································ 020
 莫高窟　窟号失载　初唐

 云头纹圆光 ···························· 021
 莫高窟　220 窟　初唐

 云头纹圆光 ···························· 022
 莫高窟　220 窟　初唐

 云头纹圆光 ···························· 023
 莫高窟　220 窟　初唐

 云头纹圆光 ···························· 024
 莫高窟　220 窟　初唐

 日环半团花圆光 ···················· 025
 莫高窟　220 窟　初唐

 五彩云头纹圆光 ···················· 026
 莫高窟　220 窟　初唐

 莲瓣半团花圆光 ···················· 027
 莫高窟　220 窟　初唐

 卷草纹圆光 ···························· 028
 莫高窟　334 窟　初唐

 卷草纹圆光（局部） ············ 029
 莫高窟　334 窟　初唐

 莲纹圆光 ································ 030
 莫高窟　335 窟　初唐

 莲纹圆光 ································ 031
 莫高窟　335 窟　初唐

 莲纹圆光（局部） ················ 032
 莫高窟　335 窟　初唐

 云头晕纹圆光 ························ 033
 莫高窟　335 窟　初唐

 花环式圆光 ···························· 034
 莫高窟　335 窟　初唐

 青蔓纹花叶圆光 ···················· 035
 莫高窟　321 窟　初唐

 忍冬火焰纹圆光 ···················· 036
 莫高窟　321 窟　初唐

 青蔓纹花叶圆光 ···················· 037
 莫高窟　321 窟　初唐

 绿蔓纹花叶圆光 ···················· 038
 莫高窟　321 窟　初唐

 团花圆光 ································ 039
 莫高窟　321 窟　初唐

 四层四色圆光 ························ 040
 莫高窟　322 窟　初唐

石榴花纹圆光 …… 041 莫高窟 329窟 初唐	云头纹圆光 …… 058 莫高窟 46窟 盛唐	云头纹圆光 …… 075 莫高窟 217窟 盛唐
心形纹圆光 …… 042 莫高窟 329窟 初唐	莲花圆光 …… 059 莫高窟 46窟 盛唐	莲花海石榴纹圆光 …… 076 莫高窟 217窟 盛唐
变形石榴纹圆光 …… 043 莫高窟 329窟 初唐	莲瓣缠枝海石榴圆光 …… 060 莫高窟 130窟 盛唐	云头纹圆光 …… 077 莫高窟 328窟 盛唐
忍冬连续纹圆光 …… 044 莫高窟 329窟 初唐	莲瓣缠枝海石榴圆光（局部） …… 061 莫高窟 130窟 盛唐	团花圆光 …… 078 莫高窟 384窟 盛唐
忍冬连续纹圆光 …… 045 莫高窟 329窟 初唐	卷草纹圆光 …… 062 莫高窟 172窟 盛唐	折叠藻纹圆光 …… 079 莫高窟 384窟 盛唐
化佛圆光 …… 046 莫高窟 329窟 初唐	团花圆光 …… 063 莫高窟 217窟 盛唐	彩环半团花圆光 …… 080 莫高窟 121窟 盛唐
化佛圆光（局部） …… 047 莫高窟 329窟 初唐	团花圆光（局部） …… 064 莫高窟 217窟 盛唐	宝珠彩叶纹圆光 …… 081 莫高窟 121窟 盛唐
双层半叶纹圆光 …… 048 莫高窟 329窟 初唐	莲花圆光 …… 065 莫高窟 217窟 盛唐	半菱格云头纹圆光 …… 082 莫高窟 148窟 盛唐
晕纹莲花藻井心 …… 049 莫高窟 329窟 初唐	云头纹圆光 …… 066 莫高窟 217窟 盛唐	火焰纹圆光 …… 083 莫高窟 205窟 盛唐
华盖 …… 050 莫高窟 66窟 初唐	缠枝石榴花圆光 …… 067 莫高窟 217窟 盛唐	五彩晕纹圆光 …… 084 藏经洞绢画 盛唐
华盖（局部） …… 051 莫高窟 66窟 初唐	变形石榴花圆光 …… 068 莫高窟 217窟 盛唐	卷草纹圆光 …… 085 莫高窟 188窟 盛唐
葡萄纹团花圆光 …… 052 莫高窟 444窟 初唐	变形石榴花圆光 …… 069 莫高窟 217窟 盛唐	栀子花圆光 …… 086 莫高窟 225窟 盛唐
两层三色圆光 …… 053 藏经洞绢画 初唐	石榴花圆光 …… 070 莫高窟 217窟 盛唐	栀子花圆光 …… 087 莫高窟 225窟 盛唐
卷草纹圆光 …… 054 莫高窟 41窟 盛唐	莲花海石榴卷草纹圆光 …… 071 莫高窟 217窟 盛唐	栀子花葡萄纹圆光 …… 088 莫高窟 225窟 盛唐
团花圆光 …… 055 莫高窟 45窟 盛唐	莲花云头纹圆光 …… 072 莫高窟 217窟 盛唐	石榴卷草纹圆光 …… 089 莫高窟 窟号不祥 唐代
云头纹圆光 …… 056 莫高窟 45窟 盛唐	莲花圆光 …… 073 莫高窟 217窟 盛唐	卷草纹圆光 …… 090 莫高窟 窟号不详 唐代
半团花云头纹圆光 …… 057 莫高窟 45窟 盛唐	卷草纹圆光 …… 074 莫高窟 217窟 盛唐	石榴花圆光 …… 091 莫高窟 窟号不详 唐代

莲花圆光 …… 092 莫高窟 窟号不详 唐代	团花平棋心 …… 109 莫高窟 361窟 中唐	双层圆光 …… 126 藏经洞绢画 晚唐
七彩晕纹圆光 …… 093 莫高窟 154窟 中唐	莲花雁纹平棋心 …… 110 莫高窟 361窟 中唐	晕纹莲瓣圆光 …… 127 藏经洞绢画 晚唐
五彩网纹圆光 …… 094 莫高窟 154窟 中唐	莲花频伽纹藻井心 …… 111 莫高窟 360窟 中唐	浪头晕纹圆光 …… 128 藏经洞绢画 晚唐
七彩晕纹圆光 …… 095 莫高窟 158窟 中唐	莲瓣云头纹圆光 …… 112 藏经洞绢画 中晚唐	网纹圆光 …… 129 藏经洞绢画 晚唐
网纹圆光 …… 096 莫高窟 158窟 中唐	头光背光合成图 …… 113 藏经洞绢画 晚唐	网纹圆光 …… 130 藏经洞绢画 晚唐
四层圆光 …… 097 藏经洞绢画 中唐	半菱格纹圆光 …… 114 莫高窟 14窟 晚唐	网纹圆光 …… 131 藏经洞绢画 晚唐
叠层晴日纹圆光 …… 098 藏经洞绢画 中唐	海石榴卷草纹圆光 …… 115 莫高窟 196窟 晚唐	网纹圆光 …… 132 藏经洞绢画 晚唐
晕纹云头纹圆光 …… 099 藏经洞绢画 中唐	海石榴卷草纹圆光（局部） …… 116 莫高窟 196窟 晚唐	七彩晕纹圆光 …… 133 藏经洞绢画 晚唐
晴日纹圆光 …… 100 藏经洞绢画 中唐	网纹莲花圆光 …… 117 莫高窟 196窟 晚唐	网纹云头纹圆光 …… 134 藏经洞绢画 晚唐
晕纹莲瓣圆光 …… 101 藏经洞绢画 中唐	转折云头纹圆光 …… 118 莫高窟 9窟 晚唐	云头纹圆光 …… 135 藏经洞绢画 晚唐
晕纹花冠式圆光 …… 102 藏经洞绢画 中唐	朱雀与日轮 …… 119 莫高窟 9窟 晚唐	五彩晕纹圆光 …… 136 藏经洞绢画 晚唐
晕纹云头纹圆光 …… 103 藏经洞绢画 中唐	月宫中说法 …… 120 莫高窟 9窟 晚唐	云头纹圆光 …… 137 藏经洞绢画 晚唐
网纹云头纹圆光 …… 104 藏经洞绢画 中唐	回纹晕纹圆光 …… 121 莫高窟 9窟 晚唐	网纹半菱格圆光 …… 138 藏经洞绢画 晚唐
网纹云头纹圆光 …… 105 藏经洞绢画 中唐	半菱格云头纹圆光 …… 122 藏经洞绢画 晚唐	云头纹圆光 …… 139 藏经洞绢画 晚唐
双层圆光 …… 106 藏经洞绢画 中唐	网纹云头纹圆光 …… 123 莫高窟 156窟 晚唐	双色三层圆光 …… 140 藏经洞绢画 晚唐
七彩双层圆光 …… 107 藏经洞绢画 中唐	网纹半菱格圆光 …… 124 莫高窟 156窟 晚唐	千手观音藻井心 …… 141 莫高窟 161窟 晚唐
光耀圆光 …… 108 藏经洞绢画 中唐	晕纹圆光 …… 125 莫高窟 156窟 晚唐	晕纹彩环圆光 …… 142 藏经洞绢画 五代

心形半菱格纹圆光 …… 143 莫高窟　36窟　五代	团龙藻井心 …… 152 莫高窟　146窟　五代	团龙藻井心 …… 161 莫高窟　234窟　西夏
云头半菱格纹圆光 …… 144 莫高窟　36窟　五代	火焰纹圆光 …… 153 莫高窟　146窟　五代	九佛藻井心 …… 162 安西榆林窟　10窟　西夏
云头勾连纹圆光 …… 145 莫高窟　36窟　五代	日轮与朱雀 …… 154 藏经洞绢画　北宋	彩晕纹团龙藻井心 …… 163 安西榆林窟　2窟　西夏
云头莲瓣纹圆光 …… 146 莫高窟　36窟　五代	月轮纹 …… 155 藏经洞绢画　北宋	双凤平棋心 …… 164 安西榆林窟　10窟　元代
云头纹圆光 …… 147 莫高窟　36窟　五代	莲花圆光 …… 156 莫高窟　窟号不详　宋代	龙纹莲花华盖 …… 165 莫高窟　5窟　元代
月轮纹 …… 148 藏经洞绢画　五代	团龙藻井心 …… 157 莫高窟　76窟　宋代	群舞穹顶 …… 166 库木吐喇石窟　46窟　龟兹
日轮与朱雀 …… 149 藏经洞绢画　五代	风中火焰纹圆光 …… 158 安西榆林窟　3窟　西夏	群舞穹顶（局部） …… 167 库木吐喇石窟　46窟　龟兹
团龙藻井心 …… 150 莫高窟　61窟　五代	莲花童子 …… 159 安西榆林窟　3窟　西夏	群舞穹顶（局部） …… 168 库木吐喇石窟　46窟　龟兹
双龙藻井心 …… 151 莫高窟　55窟　五代	天女舞月 …… 160 安西榆林窟　3窟　西夏	图版说明 …… 169

圆光图案

火焰纹圆光　莫高窟　275窟　北凉

三鹿莲花藻井心 莫高窟　272窟　北凉

奏乐飞天圆光　龙门石窟　北魏

莲花藻井心　莫高窟　285窟　西魏

莲花藻井心 莫高窟 428窟 北周

火焰忍冬纹圆光 莫高窟 419窟 隋代

绿底点金圆光　莫高窟　404窟　隋代

莲花连珠纹圆光 莫高窟 304窟 隋代

晕纹莲花藻井心　莫高窟　398窟　隋代

晕纹化生藻井心 莫高窟 380窟 隋代

连珠狩猎纹饰 莫高窟 420窟 隋代

连珠狩猎纹饰（局部） 莫高窟 420窟 隋代

忍冬纹圆光 莫高窟 427窟 隋代

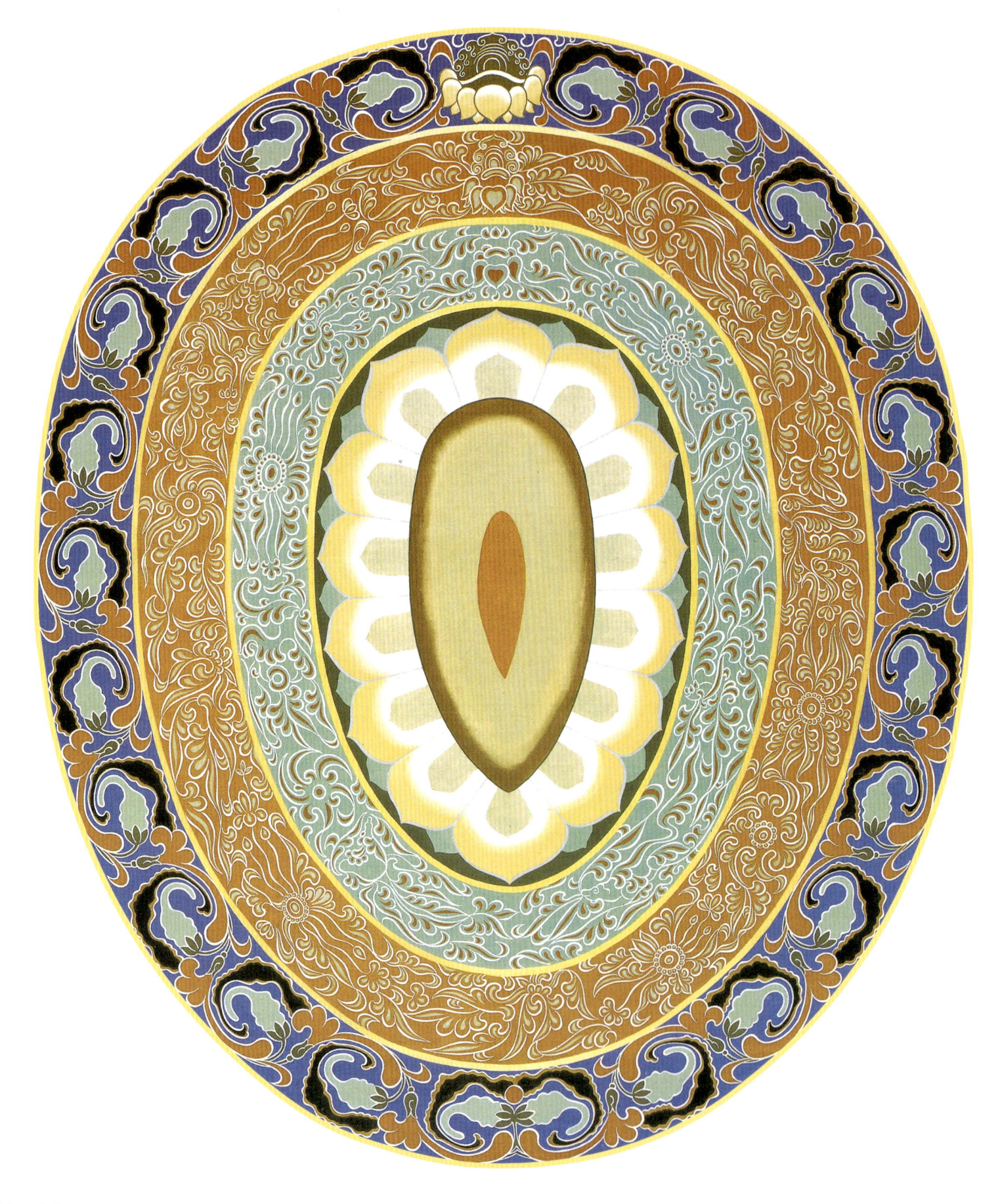

忍冬纹圆光 莫高窟 401窟 隋代

千佛莲花圆光　莫高窟　244窟　隋末唐初

千佛莲花圆光 莫高窟 244窟 隋末唐初

方碧环圆光 莫高窟 57窟 初唐

花叶圆光 莫高窟　窟号失载　初唐

云头纹圆光　莫高窟　220窟　初唐

云头纹圆光　莫高窟　220窟　初唐

云头纹圆光 莫高窟 220窟 初唐

云头纹圆光 莫高窟 220窟 初唐

日环半团花圆光　莫高窟　220窟　初唐

五彩云头纹圆光　莫高窟　220窟　初唐

莲瓣半团花圆光　莫高窟　220窟　初唐

卷草纹圆光 莫高窟 334窟 初唐

卷草纹圆光（局部）　莫高窟　334窟　初唐

莲纹圆光　莫高窟　335窟　初唐

莲纹圆光 莫高窟 335 窟 初唐

莲纹圆光（局部） 莫高窟　335窟　初唐

云头晕纹圆光 莫高窟 335窟 初唐

花环式圆光　莫高窟　335窟　初唐

青蔓纹花叶圆光　莫高窟　321窟　初唐

忍冬火焰纹圆光　莫高窟　321窟　初唐

青蔓纹花叶圆光 莫高窟 321窟 初唐

绿蔓纹花叶圆光 莫高窟 321窟 初唐

团花圆光 莫高窟 321窟 初唐

四层四色圆光　莫高窟　322 窟　初唐

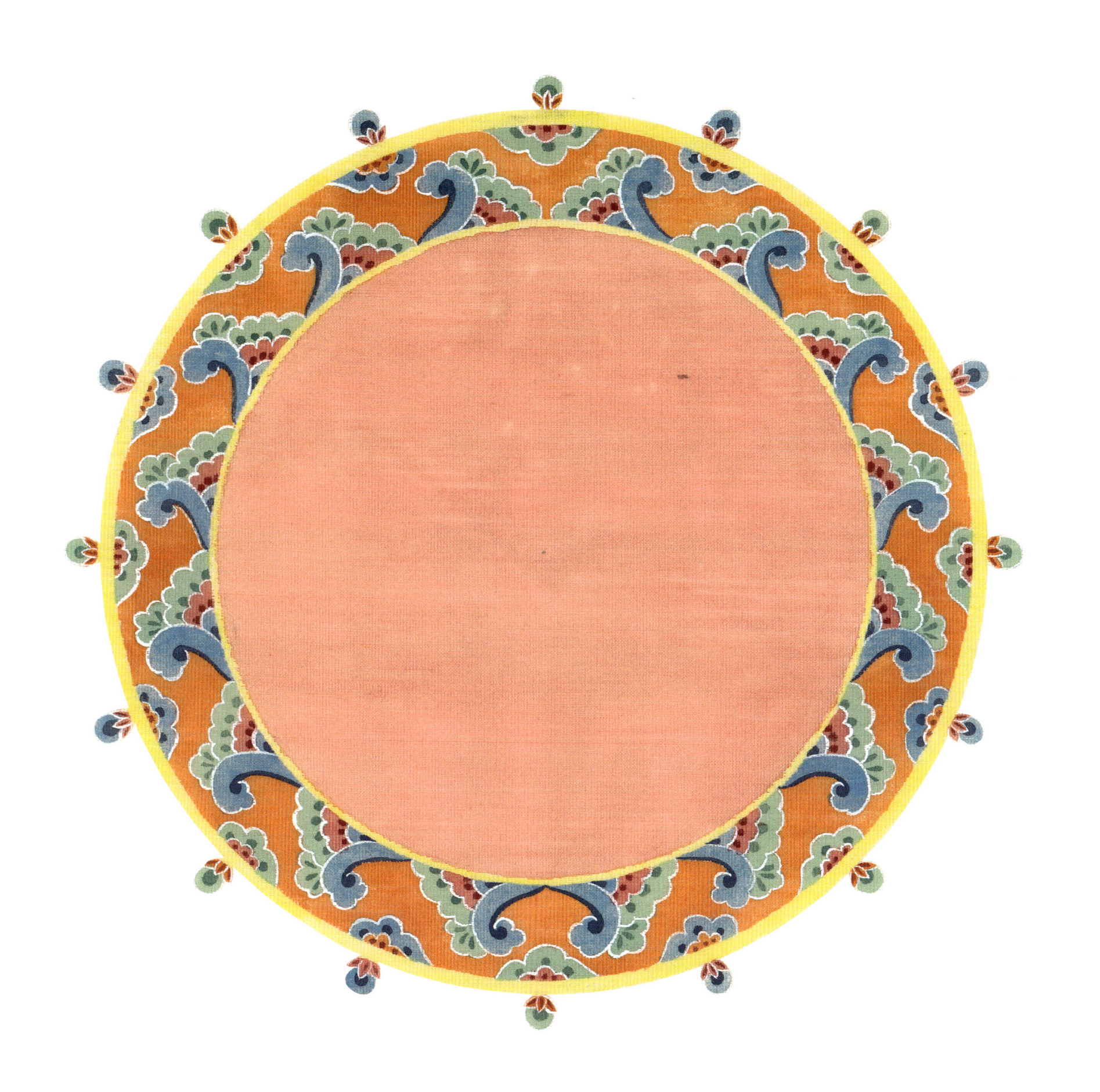

石榴花纹圆光 莫高窟 329窟 初唐

心形纹圆光 莫高窟　329窟　初唐

变形石榴纹圆光　莫高窟　329窟　初唐

忍冬连续纹圆光　莫高窟　329窟　初唐

忍冬连续纹圆光　莫高窟　329窟　初唐

化佛圆光　莫高窟　329窟　初唐

化佛圆光（局部） 莫高窟 329窟 初唐

双层半叶纹圆光 莫高窟 329窟 初唐

晕纹莲花藻井心 莫高窟 329窟 初唐

华盖 莫高窟 66窟 初唐

华盖（局部） 莫高窟 66窟 初唐

葡萄纹团花圆光　莫高窟　444窟　初唐

两层三色圆光 藏经洞绢画 初唐

卷草纹圆光 莫高窟 41窟 盛唐

团花圆光 莫高窟 45窟 盛唐

云头纹圆光　莫高窟　45窟　盛唐

半团花云头纹圆光　莫高窟　45窟　盛唐

云头纹圆光　莫高窟　46窟　盛唐

莲花圆光 莫高窟 46窟 盛唐

莲瓣缠枝海石榴圆光　莫高窟　130 窟　盛唐

莲瓣缠枝海石榴圆光（局部）　莫高窟　130窟　盛唐

卷草纹圆光 莫高窟 172窟 盛唐

团花圆光　莫高窟　217窟　盛唐

团花圆光（局部）　莫高窟　217窟　盛唐

莲花圆光　莫高窟　217窟　盛唐

云头纹圆光　莫高窟　217窟　盛唐

缠枝石榴花圆光 莫高窟 217窟 盛唐

变形石榴花圆光　莫高窟　217窟　盛唐

变形石榴花圆光　莫高窟　217窟　盛唐

石榴花圆光　莫高窟　217窟　盛唐

莲花海石榴卷草纹圆光 莫高窟 217窟 盛唐

莲花云头纹圆光 莫高窟 217窟 盛唐

莲花圆光　莫高窟　217窟　盛唐

卷草纹圆光 莫高窟 217窟 盛唐

云头纹圆光 莫高窟 217窟 盛唐

莲花海石榴纹圆光 莫高窟 217窟 盛唐

云头纹圆光　莫高窟　328 窟　盛唐

团花圆光 莫高窟 384窟 盛唐

折叠藻纹圆光　莫高窟　384窟　盛唐

彩环半团花圆光　莫高窟　121窟　盛唐

宝珠彩叶纹圆光 莫高窟 121窟 盛唐

半菱格云头纹圆光　莫高窟　148窟　盛唐

火焰纹圆光　莫高窟　205窟　盛唐

五彩晕纹圆光　藏经洞绢画　盛唐

卷草纹圆光　莫高窟　188窟　盛唐

栀子花圆光 莫高窟 225窟 盛唐

栀子花圆光　莫高窟　225窟　盛唐

栀子花葡萄纹圆光 莫高窟 225窟 盛唐

石榴卷草纹圆光　莫高窟　窟号不详　唐代

卷草纹圆光　莫高窟　窟号不详　唐代

石榴花圆光　莫高窟　窟号不详　唐代

莲花圆光　莫高窟　窟号不详　唐代

七彩晕纹圆光　莫高窟　154窟　中唐

五彩网纹圆光 莫高窟 154窟 中唐

七彩晕纹圆光 莫高窟 158窟 中唐

网纹圆光 莫高窟 158窟 中唐

四层圆光　藏经洞绢画　中唐

叠层晴日纹圆光　藏经洞绢画　中唐

晕纹云头纹圆光　藏经洞绢画　中唐

晴日纹圆光 藏经洞绢画 中唐

晕纹莲瓣圆光 藏经洞绢画 中唐

晕纹花冠式圆光 藏经洞绢画　中唐

晕纹云头纹圆光 藏经洞绢画 中唐

网纹云头纹圆光 藏经洞绢画 中唐

网纹云头纹圆光　藏经洞绢画　中唐

双层圆光 藏经洞绢画　中唐

七彩双层圆光 藏经洞绢画 中唐

光耀圆光 藏经洞绢画 中唐

团花平棋心 莫高窟 361窟 中唐

莲花雁纹平棋心 莫高窟 361窟 中唐

莲花频伽纹藻井心 莫高窟 360窟 中唐

莲瓣云头纹圆光 藏经洞绢画　中晚唐

头光背光合成图 藏经洞绢画　晚唐

半菱格纹圆光 莫高窟 14窟 晚唐

海石榴卷草纹圆光 莫高窟 196窟 晚唐

海石榴卷草纹圆光（局部） 莫高窟 196窟 晚唐

网纹莲花圆光 莫高窟 196窟 晚唐

转折云头纹圆光 莫高窟 9窟 晚唐

朱雀与日轮 莫高窟 9窟 晚唐

月宫中说法 莫高窟 9窟 晚唐

回纹晕纹圆光 莫高窟 9窟 晚唐

半菱格云头纹圆光 藏经洞绢画 晚唐

网纹云头纹圆光 莫高窟 156窟 晚唐

网纹半菱格圆光 莫高窟 156窟 晚唐

晕纹圆光 莫高窟 156窟 晚唐

双层圆光　藏经洞绢画　晚唐

晕纹莲瓣圆光　藏经洞绢画　晚唐

浪头晕纹圆光 藏经洞绢画 晚唐

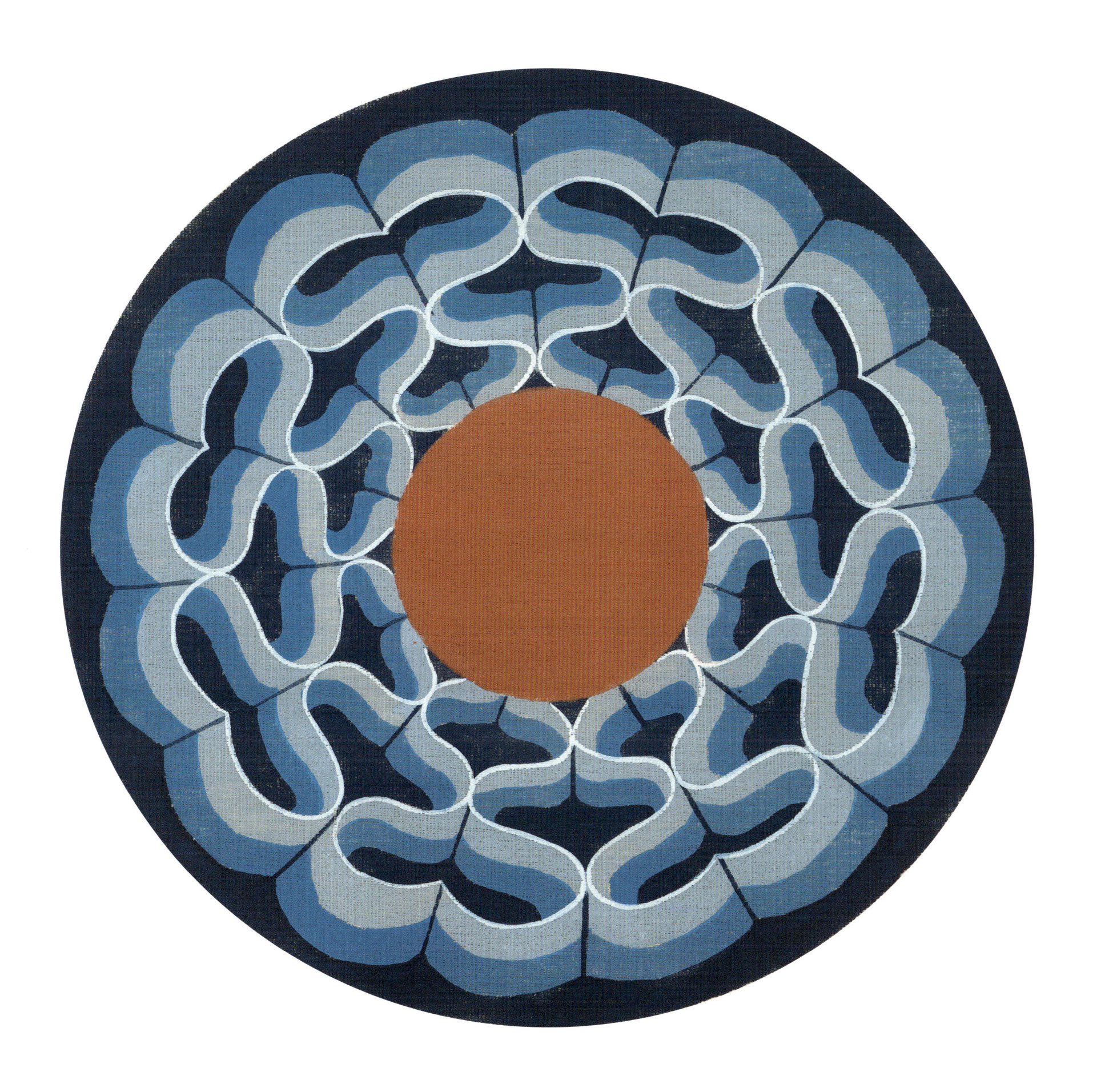

网纹圆光 藏经洞绢画 晚唐

网纹圆光 藏经洞绢画　晚唐

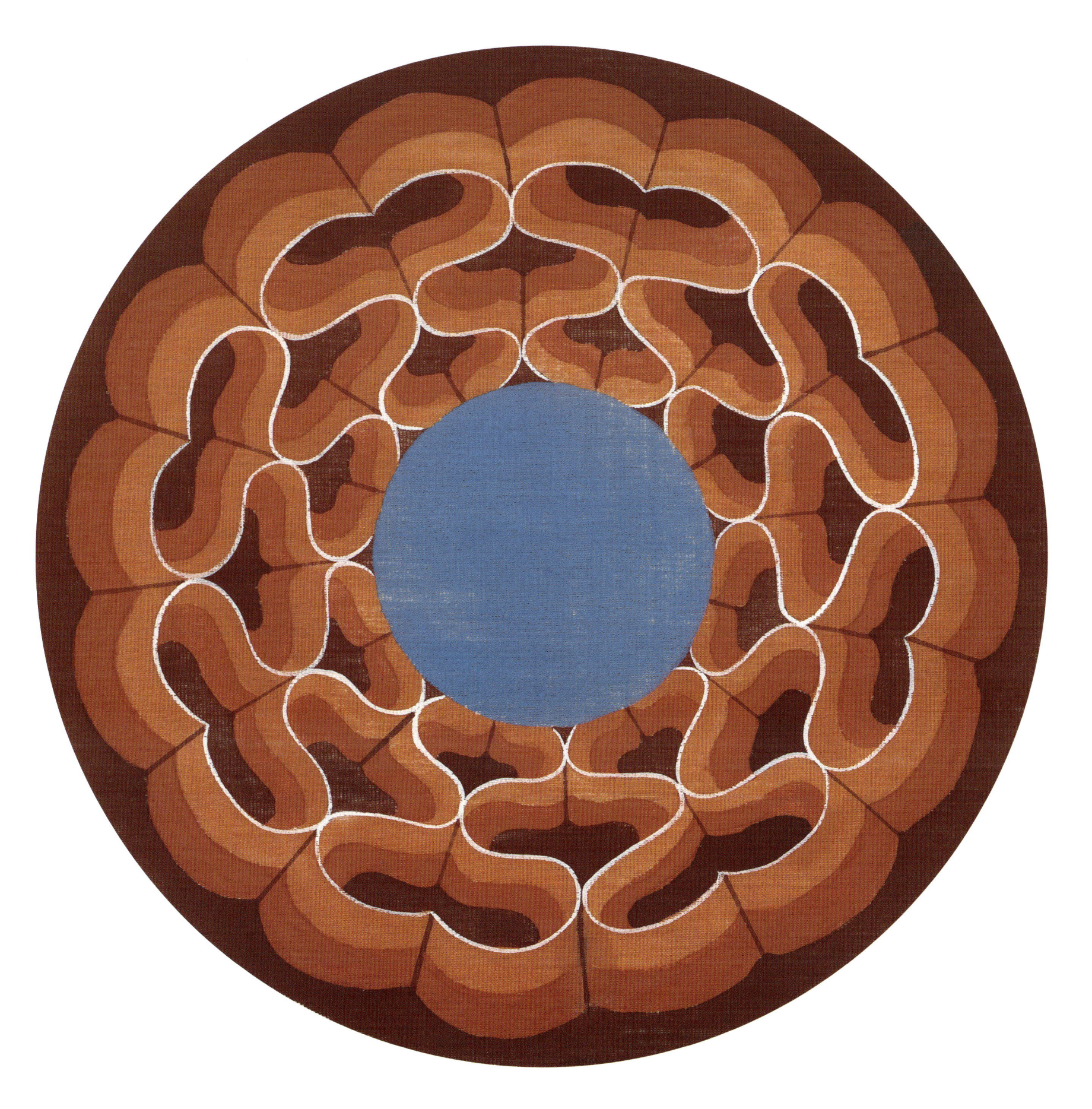

网纹圆光　藏经洞绢画　晚唐

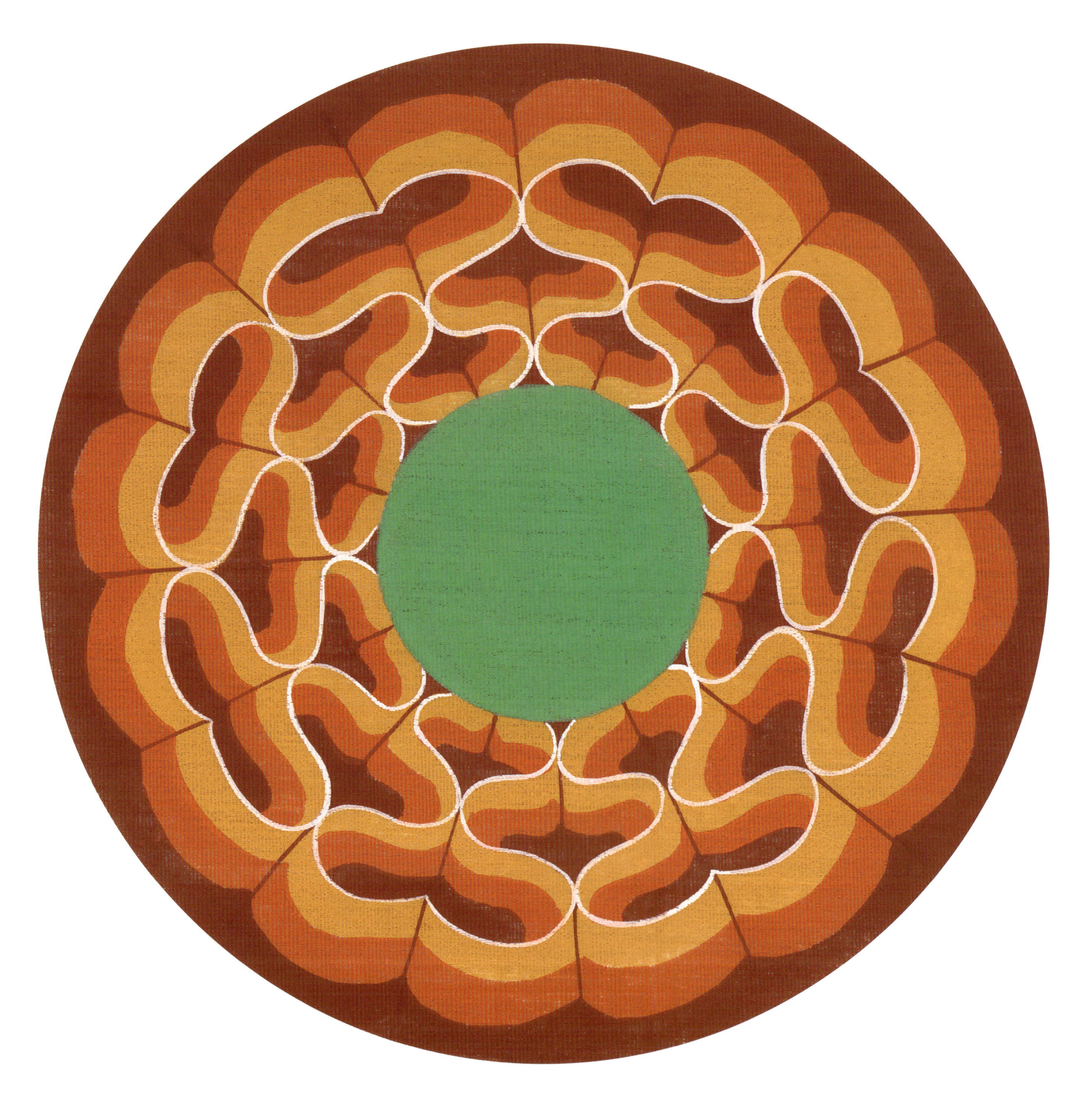

网纹圆光 藏经洞绢画　晚唐

七彩晕纹圆光　藏经洞绢画　晚唐

网纹云头纹圆光 藏经洞绢画 晚唐

云头纹圆光 藏经洞绢画 晚唐

五彩晕纹圆光 藏经洞绢画 晚唐

云头纹圆光 藏经洞绢画 晚唐

网纹半菱格圆光 藏经洞绢画 晚唐

云头纹圆光　藏经洞绢画　晚唐

双色三层圆光 藏经洞绢画 晚唐

千手观音藻井心 莫高窟 161窟 晚唐

晕纹彩环圆光 藏经洞绢画 五代

心形半菱格纹圆光 莫高窟 36窟 五代

云头半菱格纹圆光　莫高窟　36窟　五代

云头勾连纹圆光 莫高窟 36窟 五代

云头莲瓣纹圆光 莫高窟 36窟 五代

云头纹圆光　莫高窟　36窟　五代

月轮纹 藏经洞绢画 五代

日轮与朱雀 藏经洞绢画 五代

团龙藻井心 莫高窟 61窟 五代

双龙藻井心　莫高窟　55窟　五代

团龙藻井心 莫高窟 146窟 五代

火焰纹圆光 莫高窟 146窟 五代

日轮与朱雀 藏经洞绢画 北宋

月轮纹 藏经洞绢画 北宋

莲花圆光 莫高窟 窟号不详 宋代

团龙藻井心 莫高窟 76窟 宋代

风中火焰纹圆光 安西榆林窟 3窟 西夏

莲花童子　安西榆林窟　3窟　西夏

天女舞月 安西榆林窟 3窟 西夏

团龙藻井心　莫高窟　234窟　西夏

九佛藻井心 安西榆林窟 10窟 西夏

彩晕纹团龙藻井心 安西榆林窟 2窟 西夏

双凤平棋心 安西榆林窟 10窟 元代

龙纹莲花华盖 莫高窟 5窟 元代

群舞穹顶　库木吐喇石窟　46窟　龟兹

群舞穹顶（局部）

库木吐喇石窟 46窟 龟兹

群舞穹顶（局部）

库木吐喇石窟　46窟　龟兹

图版说明

火焰纹圆光

莫高窟　275窟　北凉

这是一幅非常细致的早期火焰纹圆光，位于弥勒佛塑像头部之后壁上。通常情况下，敦煌画师用于雕塑的圆光比用于壁画人物的圆光更加精彩、复杂。圆光就是智慧之光、神圣之光。此图中，作者利用燃烧过程中火焰具有对称向上摆动的特点，将火焰纹进行规范的艺术化设计，营造出层层向上的动感。火焰本来是多色之综合，作者为了工艺之巧，将火色分解为绿、赭、青、橙，使得纹饰在对称的前提下赋色多样化。

三鹿莲花藻井心

莫高窟　272窟　北凉

三鹿首尾相继，脚蹬转轮环形奔跑，鹿是敦煌壁画佛本生故事中常见的角色，外围是赭石色重瓣莲花，外暗内明地突出了主题。

奏乐飞天圆光

龙门石窟　北魏

原作为洛阳龙门石窟一菩萨塑像的背光，北魏风格，无着色。其中心旋转飞天的造型与敦煌石窟二八五窟中的基本一致，是古代同行画师把创作稿件流传至丝绸之路的结果。本书作者复原了石刻菩萨塑像背光的线描图，再根据敦煌图案艺术的北朝用色习惯和规律进行了完整的赋色，力图达到北朝朴实稳重的用色效果。这说明只要掌握了敦煌各时代的纹饰创作规则和赋色规律，要想再现敦煌艺术是完全可能的。

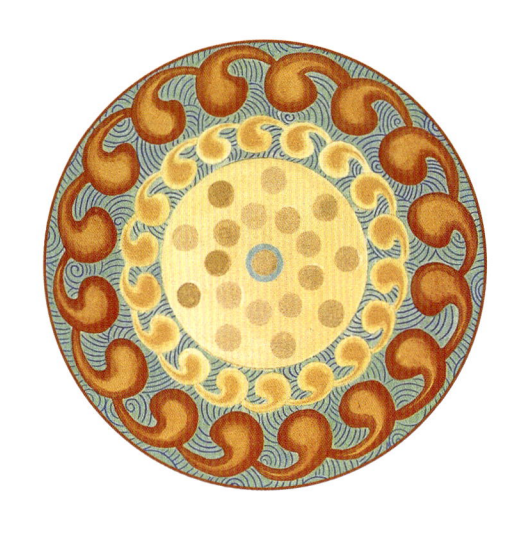

莲花藻井心

莫高窟　285窟　西魏

莲蓬之外是双层回勾花瓣（也可理解为浪花），背景是石绿色七宝池水，宝池水的纹路设计成单线勾勒的一个个小漩涡，显示了敦煌图案的工艺美术特性。

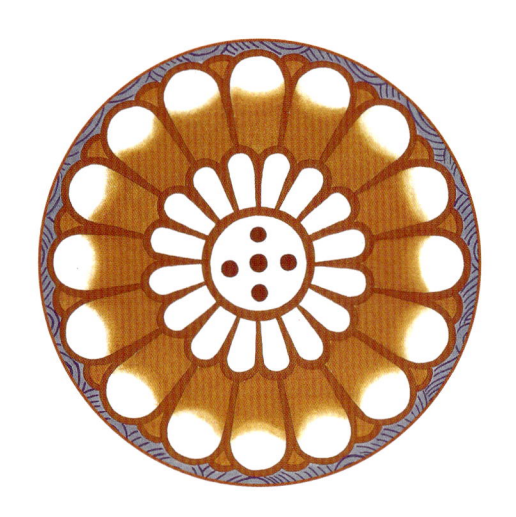

莲花藻井心

莫高窟　428窟　北周

三层莲瓣从内至外层叠开放，运用了勾线兼晕染的工艺。明暗套叠，在蓝色的水纹背景衬托下显得格外醒目。

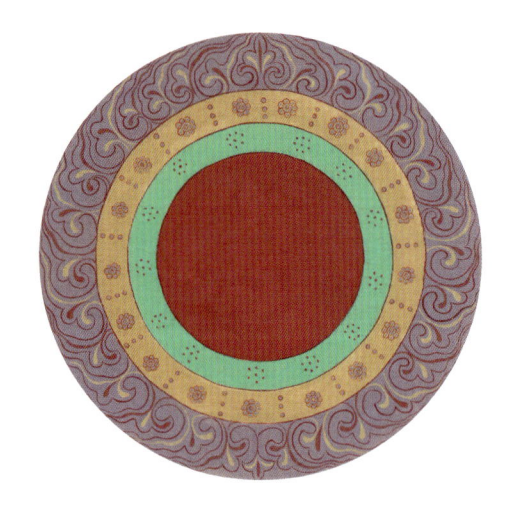

火焰忍冬纹圆光

莫高窟　419窟　隋代

红心圆光以石绿、金黄、青紫色层层向外扩展。外圈是该圆光的设计重点，青紫底色上，以线描的形式将忍冬纹层层变形罗列，营造出火焰向上升腾的视觉效果。在敦煌早期的圆光中不乏此类布局，色彩上虽然没有系统的调配，但尽显其时代特征。

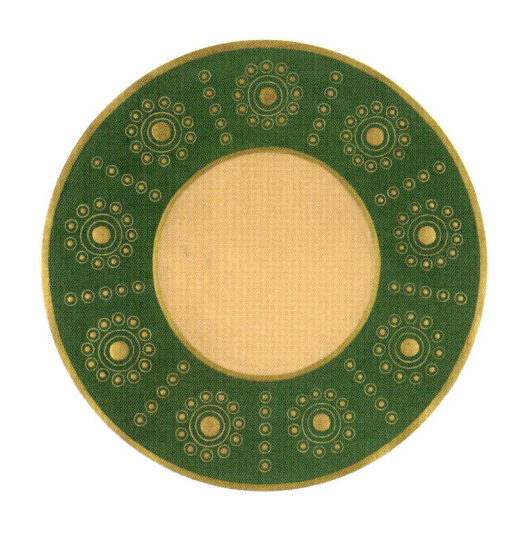

绿底点金圆光

莫高窟　404窟　隋代

隋代的敦煌艺术在承前启后中追求创新，比如此圆光中用单一的绿色铺底，然后以沥粉描金的手法点染出一圈大小互套的连珠纹，这说明雕塑装饰手法参与进了绘画艺术中。

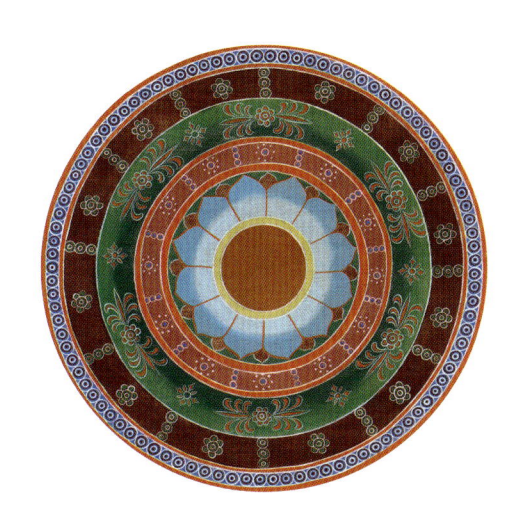

莲花连珠纹圆光

莫高窟　304窟　隋代

隋代是圆光绘制多元化的时代，同时也是绘画手法走向规范化的时代，承前启后继往开来。此圆光用色冷清，同时充分发挥了中心图案的对称特点，连珠纹在隋代应用广泛，由于其丛属性强，所以更容易进行对称性的编排组合。

晕纹莲花藻井心

莫高窟　398窟　隋代

莲花的中心圆环内转动着八道晕纹，营造出转轮的视觉效果，外部莲瓣重叠，各种颜色从里至外穿插分布得十分均匀协调。

连珠狩猎纹饰

莫高窟　420窟　隋代

图案中的翼马回望和打虎狩猎交错排开，猎人骑在象背上手握棍棒抡打一只欲扑上象背的猛虎，展现出生活中狩猎的紧张场面，这应该是受了印度文化影响的中亚风格的纹饰。色彩浓重清冷。

忍冬纹圆光

莫高窟　427窟　隋代

圆光是佛和菩萨头部后方散发着智慧之光的圆形图案。这幅圆光主要由格式忍冬变形纹饰构成，圆光底色从内至外层层变化，形成了一圈圈放大的效果。

忍冬纹圆光

莫高窟　401窟　隋代

这个华美的圆光呈椭圆形，中间是开放的莲花，中层灰绿底色和橘黄底色上线描和扩描了两周浓密的忍冬纹，外层的群青底色在边饰艺术中很少应用，总体布色典雅、和谐又不失靓丽。

千佛莲花圆光

莫高窟　244窟　隋末唐初

图案中心莲花开放，彩色的光晕向外层层辐射，我们所谓静止的画面，在画师的构思中是动态着层层向外扩的。光环中有一圈坐莲的佛像，增加了神秘与威仪之感。

方碧环圆光

莫高窟　57窟　初唐

隋末唐初出现了一类将建筑上的方碧作为纹饰绘入图案的作品，圆光和边饰中都有。绘入圆光图形时，对方碧进行了适应性改造，色彩上将几种颜色依次罗列，往复循环。

云头纹圆光

莫高窟　220窟　初唐

这轮圆光构图简约，是中心绿底的一个花环，外圈以绿花红蕊构成连续花纹，精致而简单。佛教大场景的壁画绘制中遵循主次关系，居中者佛的背光和头光图案相对复杂，色彩鲜艳，次要位置的就画得简单些，不知名的菩萨就会画一圆环，以示有之而已。

云头纹圆光

莫高窟　220窟　初唐

初唐是敦煌艺术创作最活跃的时期，各类作品多彩多姿，且趋于成熟。尤其在配色协调度和调色饱和度方面是壁画千年绘制过程中的标杆，比如此幅作品有了饱和度极佳的底色，纹饰无论繁简都会有稳重的视觉感。

日环半团花圆光

莫高窟　220窟　初唐

青色圆心之外是两层耀眼的日光环，外围是深赭石色底子上的五彩云头半团花，各色的明暗、浓淡差距十分大，但有效地汇聚在这咫尺方圆之中，显示着相宜的浓妆淡抹。

五彩云头纹圆光

莫高窟　220窟　初唐

这轮圆光，已经具备了唐代色彩与纹饰艺术的风貌，首先是初唐图案艺术中色彩的浓丽与协调，各色均调配得十分饱满。纹饰有规律又精于变化，在变化中不离其基本形态，一生二、二生三、三生万物的纹饰扩展规律已逐渐形成。

莲瓣半团花圆光

莫高窟　220窟　初唐

此轮圆光圆心的底色是石青色，向外扩展的内层是咬合交错的变形莲瓣纹，外层是不规则交错的半团花。初唐时期的敦煌画师很善于将艳丽的红色系列与艳丽的青色系列有机相融，达到了艳而不俗的视觉效果。

卷草纹圆光

莫高窟　334窟　初唐

双层纹饰的圆光，内艳外雅，色彩搭配的浓与淡之间显出了和谐与秀雅之美。我们可以观察到圆光界边上均有描金工艺，这是随着丝路商贸的繁荣，敦煌画师有了更强的经济能力对壁画进行贴金和沥粉堆金等工艺的表现。

莲纹圆光

莫高窟　335窟　初唐

圆光的中心是云头纹小团花，内层与外层的环饰皆为一周莲瓣纹，由于在色彩过渡上全面进行了晕染，大大提高了各色之间的相融度，在整体视觉上形成了统一的美感。色彩浓艳而稳重。

莲纹圆光

莫高窟　335窟　初唐

圆光上纹饰罗列得十分复杂，花饰的密度很高。中心是一朵盛开的莲瓣纹团花，深浅两青色构成了中层的缠枝花纹，外层又是一圈五彩缠枝花纹，内外用色热烈而相互呼应，中层的素雅起到了繁而不闹的协调作用。

青蔓纹花叶圆光

莫高窟　321窟　初唐

这是一轮设计精妙、简洁的圆光，其中心以石绿做底色；中层浅青填色，深青色勾出枝蔓；外层图案别具一格，橘红的底色上是似随意洒落又形成对称的红花绿叶。色彩浓淡适中，纹饰精巧娟秀。

青蔓纹花叶圆光

莫高窟　321窟　初唐

绿底圆心外是一圈盘绕在灰白底色上的石青纹饰，外层排布的是浓丽的红、绿、青色正反花叶，无论是青蔓纹还是外层艳丽的花叶都布置得十分匀称，疏密有致。

绿蔓纹花叶圆光

莫高窟321窟　初唐

与上图有别的是：圆光中层的自由式蔓草，以浅绿、深绿为底色，纹饰与外层中的叶子更艺术化地反转变色，与上图虽分别为对称站位菩萨所饰圆光图案，画师仍然在相似中创造出和而不同的视觉效果。

团花圆光

莫高窟　321窟　初唐

圆光中心是一个团花，团花周边一圈是首尾相接的待放花蕾，与团花隔着赭石底色的外围是一周小团花，在土黄底色上连续排开，大小团花形象相似，大有众星捧月之妙。

四层四色圆光

莫高窟　322窟　初唐

此圆光由圆心和三色环构成，在每一道色界上进行了该色的晕染过渡，营造了光芒向外辐射的视觉效果。

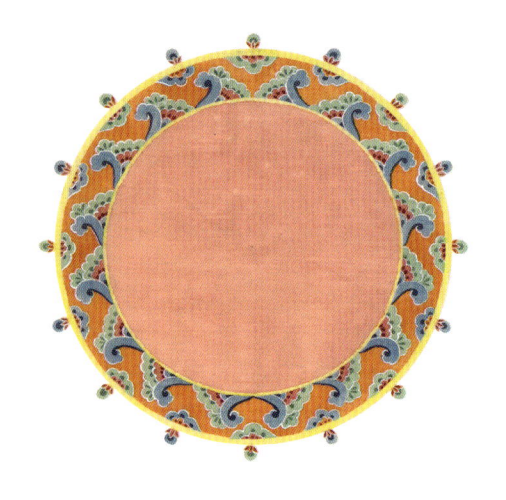

石榴花圆光

莫高窟　329窟　初唐

圆光的内部以粉色为底，外圈是在橘黄底色上规则分布的一周半石榴花，青、绿、红交错辉映。

心形纹圆光

莫高窟　329窟　初唐

图案结构简单，但却十分秀丽，中心是浅青色，外层是一周排列有致的心形图案，色彩搭配得讲究，以青、绿、红、橙的浅色系有效互搭，非同于这一时期惯用的浓丽色系。

变形石榴纹圆光

莫高窟　329窟　初唐

圆心是近乎于原壁本色的浅绿淡染，两层纹饰近似于石榴花变形规则纹饰的罗列，无论是橘黄、粉紫的底色，还是青绿的纹饰，都以淡雅为设色原则，秀丽、雅致的氛围浑然一体。

忍冬连续纹圆光

莫高窟　329窟　初唐

橘黄色平涂的圆心外，是青灰过渡色的晕染，外圈一周的忍冬纹规则布局，用色显得鲜嫩靓丽而不艳俗。

化佛圆光

莫高窟　329窟　初唐

圆光中心为石绿晕染的底色，向外一层是五彩云头纹，外层为一圈排列有序的坐佛，坐佛设计进圆光的形式流行于隋代和初唐。色彩搭配得明快而稳重。

双层半叶纹圆光

莫高窟　329窟　初唐

以石绿的晕染画法绘就圆心，两层花叶纹饰绘于粉紫与橘黄底色之上，纹饰虽然简易，但有其独特性，虽然突出了个别重色，但并无艳俗的观感。

晕纹莲花藻井心

莫高窟　329窟　初唐

莲花中心的晕纹画出了起伏感，视觉上有三维艺术效果，重瓣莲花花瓣经过艺术加工层层开放。由于圆形的格局，外部四飞天环绕着莲花，与两层莲花的花瓣不论是在形态上还是在色彩上都极尽编排之能事，是初唐浓丽型色彩搭配的典范。外层莲瓣的画白或留白都大大地提高了色系的亮度。

华盖

莫高窟　66窟　初唐

在敦煌图案的绘制中最大的原则就是适应性。这个椭圆形的华盖画在佛龛长方形顶上，椭圆形适应了长方形。椭圆形华盖的中心还套了一个小的圆形华盖，双华盖转起璎珞飘摆，颇具动感。其内方碧纹、云头纹也在椭圆形的轨道上，如同天体运行的轨迹。

葡萄纹团花圆光

莫高窟　444窟　初唐

此幅圆光是唐代图案艺术的代表作，纹饰华贵。画师直接将一铺大团花单独设计进圆光中，显得大气非凡。色彩又十分协调雅致，凡用色都是以接近色和协调色为调配原则，是纹盛于色的布局方式。

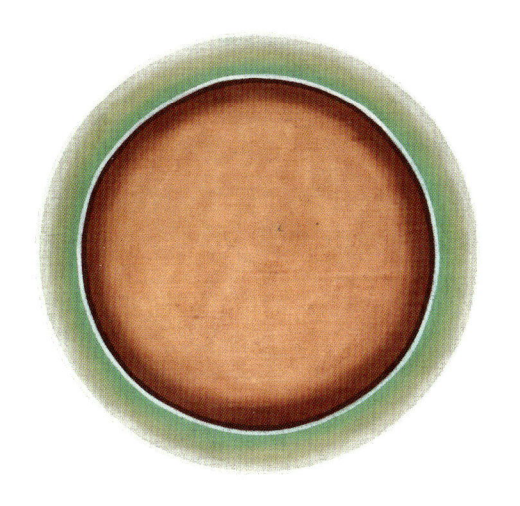

两层三色圆光

藏经洞绢画　初唐

此类双层三色的简易圆环式圆光，是敦煌系石窟最常见的。本书中搜罗到的大部分有精美纹饰的圆光，一般都绘于佛像或其左右尊贵的菩萨像之后，众弟子、众菩萨的圆光均为双层三色圆环一般，会在两层色界部位进行双色的晕染过渡。

卷草纹圆光

莫高窟　41窟　盛唐

单环圆光中，自由花式的卷草纹在橘黄底色上，各自成就似而不同的艺术单元，色彩鲜艳明丽。由于底色的协调和降调子作用，剔除了艳丽的火气，造就了艳而不俗的视觉效果。

团花圆光

莫高窟　45窟　盛唐

此圆光是简单的两层结构，大团花中包含着小团花，两团花组成一个更紧密的精彩团花。圆形的团花轮廓与圆光十分吻合，合在一起就诞生了一个新的圆光，施以饱和的色彩，无言地强调了它所在的时代。

云头纹圆光

莫高窟　45窟　盛唐

一般情况下，圆光的内环和次内环不加以绘制的原因是，此处正好被菩萨的发冠所覆盖。外圈大于发冠而得以展示，外层中绘有秀丽的纹饰。一般情况下，法会中的佛菩萨处于次要位置的，装饰也相对简易一些。

半团花云头纹圆光

莫高窟　45窟　盛唐

两组不同的半团花相互交错，均匀平稳分布。青绿的纹饰，橘红的底色，将青冷色系置于暖色之中，使得观者色觉有了丰富感。

云头纹圆光

莫高窟　46窟　盛唐

"圆光是环形的边饰，边饰是拉直的圆光"，这种说法在纹饰设计与布局中是有道理的。但是在拉直的情况下，圆内侧弧线上的纹饰需要放大和增加密度；边饰变圆的情况中，圆内侧的纹饰需要缩小变疏，这样才是变化中符合了密度均衡的纹饰构图原则。

莲花圆光

莫高窟　46窟　盛唐

圆光中是一青心牡丹红花瓣的莲花，簇拥着莲花的是外环饰中一圈青萼土黄色樱花。配色中，牡丹红的艳丽与土黄色的平淡交织在一起，两色的反差调和在了视觉可接受的范围之内。

莲瓣缠枝海石榴圆光

莫高窟　130窟　盛唐

圆光内层是反转上翘的莲瓣纹，向外是一圈展开的规则莲瓣，中层是相间团花、半团花，外层是一周充满动感的海石榴纹，也可以叫卷草纹或西番莲纹。纹饰的精彩与复杂程度在敦煌圆光中属上乘之作。

卷草纹圆光

莫高窟　172窟　盛唐

五彩环饰中，等距艺术单元里盛开着相似的西番莲花。乍看相同，实则不同，创作者将同一朵西番莲花进行着角度的变化，或正，或反，或侧，或仰，或垂，造就着处处不同的自然形态。花卉清丽，配以粉紫底色，整体显得冷艳而高贵。

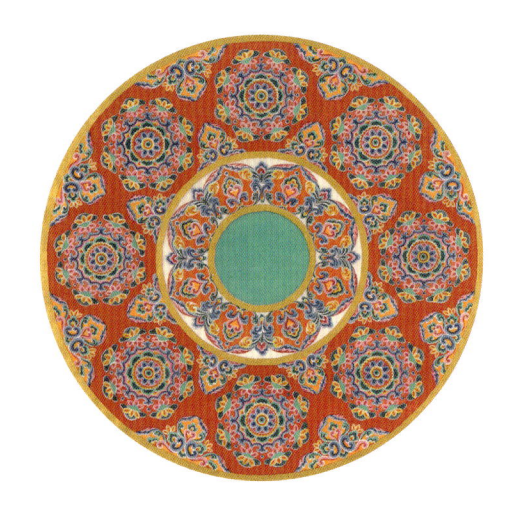

团花圆光

莫高窟　217窟　盛唐

圆光内层是一圈莲瓣花卉，外层在适应纹隔开的平面中绘有一圈团花，纹饰对称而密集。红底色和纹饰中的青绿及金色，使整体画面有艳俗感。

莲花圆光

莫高窟　217窟　盛唐

这是一轮精美的圆光。一般说来，这种艺术水准高的圆光都出自佛龛中的塑像后壁，一尊彩塑菩萨所用的创作精力比壁画中平面绘制的一身菩萨要多出许多倍。在敦煌各门类艺术创作中，都遵循创作主体复杂或难度高，其附带装饰部分就同样要复杂或难度高些的原则。此圆光层数较多，纹饰精细，纹饰密度高，配色及晕染都非常复杂，绘画工艺到位。

云头纹圆光

莫高窟　217窟　盛唐

淡雅色协调相配融于一堂固然稳重大方，而工笔重彩的敦煌壁画装饰艺术中，难以调配的还是艳丽色之间的关系，能做到艳而不俗，需要更高的艺术修养，此幅圆光便是艳而不俗的典范之作，用色上醒目、充满激情，具有冲击力。

缠枝石榴花圆光

莫高窟　217窟　盛唐

在风化、变色、剥落严重的壁画面前进行复原临摹时，不同作者根据自己所掌握的不同信息，就有各种不同的客观或自我认识，同时会产生多种风格不同的临品，这是正常的艺术行为所诞生的艺术作品。

变形石榴花圆光

莫高窟　217窟　盛唐

浓艳的色彩是初唐壁画的特点，此图石榴花花开奔放，外圈中团花造型的四个艺术单元，两两相对应，并且对称。四组团花与圆环接触的部分，也进行了弧形相切的适应性改造，这也是设计与绘制的难点所在。

变形石榴花圆光

莫高窟　217窟　盛唐

此圆光在设计思路与造型上和上图相仿，只是色系运用方面，上图更加厚实，此图略显单薄。

石榴花圆光

莫高窟　217窟　盛唐

圆光中心为石绿底色，外圈的朱磲底色上是一周鲜艳的石榴花形，花与底色间色彩相配得浓丽而不俗气。

莲花海石榴卷草纹圆光

莫高窟　217窟　盛唐

圆光中心是盛开的五彩莲花，外层是奔放而大气的卷草海石榴花，纹饰极其夸张。无论是铁红的底色，还是青、绿、黄的卷草，五彩的莲花，皆争艳夺丽。

莲花云头纹圆光

莫高窟　217窟　盛唐

圆光三层相套，中心为绿底圆心，中层荷包形的云头纹上下左右非正十字形对称，外圈是一正一反的云头纹花式，大方端庄，用色十分艳丽，各色相配得整体效果显得十分热烈。

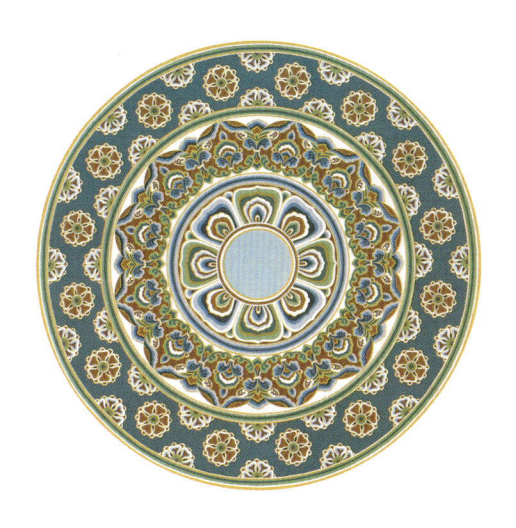

莲花圆光

莫高窟　217窟　盛唐

圆光的色彩艳而不俗，兰红调子为主。中心莲花与其外围一周纹饰组成了一铺大团花，其外是一周一整二剖的连续纹圈饰。

卷草纹圆光

莫高窟　217窟　盛唐

此图貌似连续图案的卷草纹花边，仔细鉴赏实为处处不同的自由花边，红、蓝两色均浓重而艳丽，故浓与浓相配、艳与艳相随就不会在同一图中显得反差太大。

云头纹圆光

莫高窟　217窟　盛唐

此图案内外都以云头纹为基础经过变化组合而成，内层浓艳、外层淡雅，给人以清雅又稳重的感觉。

莲花海石榴纹圆光

莫高窟　217窟　盛唐

这幅是圆光的又一个调色版本，由于画师不同，欣赏角度以及对色彩的理解就会有差异，在对变色作品进行还原时，往往出现色彩差别。此图用色明朗，色彩浓重，强调了色彩反差，增强了纹饰与底色间的立体效果。

云头纹圆光

莫高窟　328窟　盛唐

云头纹指云朵般的弧形曲线的纹样。此圆光外环图案便是云头纹饰的上乘之作，纹饰复杂，配纹相互咬合协调自然，橘黄色排布穿插得十分广泛到位，其他以淡雅之色烘托或用间色形式，都起到了变化作用，整体上画出了秀美、雅俗共赏的效果。

团花圆光

莫高窟　384窟　盛唐

圆光的内外层均为朱磦底色，内层是一个开放的莲瓣纹大团花，外层一圈是六瓣云头纹小团花，相隔在一周小团花之间的是两圈大小不同的石榴花形云头适应纹，色彩搭配穿插得艳而不俗。

折叠藻纹圆光

莫高窟　384窟　盛唐

藻纹蜿蜒盘绕并对接成一圆环，内圈环饰一圈云头纹，外层青色为藻带，蓝色为藻脉，以靛蓝与宝石红的晕染为底色。通常来说，红与蓝十分难以相融，但敦煌画师通常避免采用正红与正蓝相配，而是采用宝石红与宝石蓝的天然色系，这些天然色系并非正红、正蓝，不但不显艳俗还透着天然的质感。

彩环半团花圆光

莫高窟　121窟　盛唐

图案中心石绿底色外是整体配色、层层渐变的色环，外层底色上是内外交错排列的半团花造型，纹饰娟秀，配色雅致。

宝珠彩叶纹圆光

莫高窟　121窟　盛唐

在石绿的底色上，分布着圆光的内环饰与外环饰，内环中心圆圈是佛或菩萨头部所在的方位，由于被遮挡，一般无需纹饰。外环饰中有点缀着宝石的五彩菩提叶，内外齿合交错。其赭石色系与青绿色系搭配得清新、简洁分明。

半菱格云头纹圆光

莫高窟　148窟　盛唐

圆光的中心是半菱格日光纹，几道彩环之外是一圈云头纹，纹饰奔放，色彩冷艳。

火焰纹圆光

莫高窟　205窟　盛唐

一般情况下，端颜正坐的佛、菩萨的火焰纹是对称的，画师绘出一边就可以完全对应另一边。我们今天介绍的是不对称的火焰纹，这是因为其主人公以动态形象出现在画面上，所以火焰纹就要随之动起来，画师会根据主人公的动作，令圆光不经意地晃动一下，火焰走势随之变化的一瞬间，就是画师需要抓住的刹那形象。

五彩晕纹圆光

藏经洞绢画　盛唐

唐代画师对智慧和能量的表现有着多种艺术描绘手法，比如火焰光环、五彩环、智慧波等。此图即是智慧波从神尊贵的"大脑"向四周散发信息的轨迹图解。唐代艺术大师们精心地以五彩化抽象为具象。

卷草纹圆光

莫高窟　188窟　盛唐

这幅圆光色彩静穆素雅，给观者平和的感觉。作者从内到外严格地把控着色系，以本色系里的最重色铺底，然后青绿白绘纹饰，再无杂色侵入。

栀子花圆光

莫高窟　225窟　盛唐

这个圆光的中心莲花之外只有一圈栀子花边环饰，创作者在这小小的平面里绘制了一条环形的自由花边，纹饰以单一朴拙为美。色彩却既华丽又雅致，始终贯穿了红色系的格局，以红铺底，以蓝作饰。

栀子花圆光

莫高窟　225窟　盛唐

莲花外的二方连续栀子花纹饰描绘得十分朴拙，虽有一目了然的简练，但色系的热烈并不使之显得单调。

栀子花葡萄纹圆光

莫高窟　225窟　盛唐

这幅圆光的环饰由栀子花、葡萄藤共同组成，并无繁杂之感，反而有二方连续的视觉，这就是画师在纹饰单元的同与异、远与近之中，一直追求着纹饰与配色的均匀协调的结果。

石榴卷草纹圆光

莫高窟　窟号不祥　唐代

圆光的环饰是工艺性非常高而繁杂的卷草纹，自由花边的卷草纹都在自己的营造单元范围内辗转腾挪，把卷草纹的艺术特性表现得淋漓尽致。整幅圆光的各个色彩都淡淡地调和了灰色，使画面形成了灰绿、灰赭、灰黄色的相互搭配，这是色调之所以和谐的原因。

卷草纹圆光

莫高窟　窟号不详　唐代

这是一幅双环饰头光，中心是开放的莲花，内环饰以七朵盛开的茶花为主题展开绘制，外环饰是狂放的卷草纹，黑色的底子上配色采用蓝、绿色系为主格调，内容丰富，纹饰和色系协调。

石榴花圆光

莫高窟　窟号不详　唐代

这是一幅设计很成功的双层对称碎花圆光，内层是含苞待放的石榴花，外层是盛开的石榴花。花层紫、绿相衬，冷暖对比强烈，为了调和冷暖色带来的视觉冲突感，画师在大面积的背景上用土黄色设色，起到了平衡与调和的作用。

莲花圆光

莫高窟　窟号不详　唐代

圆光中心莲花开放，对应着中层、外层花卉层层扩展，包括莲花在内的三层边饰都是极其规则的连续花边，浓丽而规整不乱，圆光外层边饰底色则定性了此幅图案的色系趋向。

七彩晕纹圆光

莫高窟　154窟　中唐

圆光以中轴线为基准向四周辐射扩散着彩晕，纹饰的变化有其内在规律，充满了迷幻的动感，图形的动与幻又万变不离其宗，代表着万物循环和轮回往复。

五彩网纹圆光

莫高窟　154窟　中唐

由于晕染方法的运用，使得纹饰有了明暗效果的立体感，深浅的各色赭石成为主要色系，青绿相间排布，显得丰富而不繁乱。

网纹圆光

莫高窟　158窟　中唐

圆光的中心是向外辐射的青绿色网状纹饰，外层一周绘该时代标志性的土黄色纹饰，内外图案虽无结构上的关联，但适和性很高。色彩的运用上已不像初唐、盛唐那样追求浓艳靓丽。中唐以后的图案色彩讲究整体的中和度。

四层圆光

藏经洞绢画　中唐

此类都是佛教艺术中圆光简易绘制方式，仅以色彩作套叠晕染，没有纹饰与色彩的精细分布。

叠层晴日纹圆光

藏经洞绢画　中唐

艳丽的晴日纹层层套叠，自然近乎于圆形，套上外圈自然形成圆光适应纹，由于仿日光的缘故，所以各色争艳也在情理之中。

晕纹云头纹圆光

藏经洞绢画　中唐

土红色的圆心外是鲜艳的七彩纹，色系以渐变的方法进行晕染，体现光晕流光溢彩的动感，外圈是蓝天白云的构图，白云镶了红边，多少将外圈元素与内在色彩拉近了距离。

晴日纹圆光

藏经洞绢画　中唐

中唐时期的壁画里，这算是一轮较为复杂的布局，色彩上与同时代其他圆光比较，没有多大差别，此时纹饰的创作讲究的就是一个组合，图中各种纹饰都是这个时代的标志性符号。

晕纹莲瓣圆光

藏经洞绢画　中唐

青色的圆心外套叠着两层有转动感的晕纹彩环，中层为青绿，外层的莲花瓣与内层红黄色系呼应，两色过度得较生硬。

晕纹花冠式圆光

藏经洞绢画　中唐

动感的圆心配着动感的外层花冠，鲜艳活泼，绿色和红色各自没有渐变过渡色来弱化色彩的浓艳度，所以色觉上显得有些冲突感。

晕纹云头纹圆光

藏经洞绢画　中唐

圆光中心的晕纹，给观者以旋转的错觉，两层不同的云头纹都是这个时代绘制圆光的常用艺术素材。前辈画师的大量作品成为后世画师的资料库，因此中唐以后的图案作品，出现了程式化的纹饰和色彩搭配。

网纹云头纹圆光

藏经洞绢画　中唐

中心网纹外是三种云头纹组成的两轮圆环，都是本时代通用的纹饰元素的组合，青、绿两色构成冷色系的纹饰，以黄、橘红、铁红构成的暖色系则为底色。

网纹云头纹圆光

藏经洞绢画　中唐

此图与上图是同幅作品中左右对称的两位菩萨的圆光，敦煌壁画艺术在形式对称的布局中都有相应对称的"另一部分"，这两幅圆光便属于互为对称作品，创作原则是：无论纹饰还是色彩都追求和而不同。

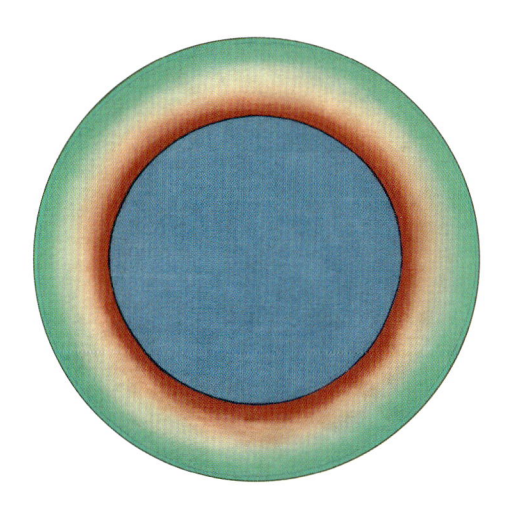

双层圆光

藏经洞绢画　中唐

这是敦煌壁画艺术中最简易的圆光形式之一，圆光二层三色，内层石青平涂，外层红、绿两色对接晕染。

七彩双层圆光

藏经洞绢画　中唐

就像原点爆发出的光芒，其创作思路源于大自然中照耀万物的太阳，画师用于比喻佛教中智慧的照耀。

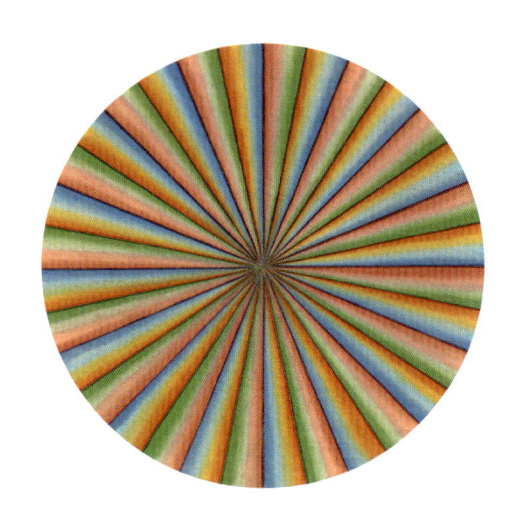

光耀圆光

藏经洞绢画　中唐

如同七彩光线从原点爆发四射，形成太阳放光芒一般的效果，在佛教艺术中寓意佛陀智慧的光耀。

团花平棋心

莫高窟　361窟　中唐

团花的类型众多，有四方形、五边形、多边形等，但更多的团花是以圆形为轮廓来设计的，此图就是一轮标准的圆形团花，花式的基本元素是茶花。黄绿色系在花瓣颜色上进行了调和，故而两色有着较高的融合度。

莲花雁纹平棋心

莫高窟　361窟　中唐

这幅是石窟甬道顶上的平棋图案，衔花雁纹在莲花之中，井心为深土黄色底，周边大面积呈蓝灰色，因为有灰色的成分存在，所以深土黄色也就不显突兀了。

莲花频伽纹藻井心

莫高窟　360窟　中唐

翻转内卷的莲花瓣之间包含着一个迦陵频伽，迦陵频伽怀抱琵琶且弹且舞，频伽鸟是极乐世界的吉祥物，画师的用意是在此小小空间里营造一个美好世界。

莲瓣云头纹圆光

藏经洞绢画　中晚唐

在层次细密的圆光中，莲瓣间隔开两轮富于动感的环状晕纹，外层是鲜艳的云头纹，红、黄暖色是主导色系。

头光背光合成图

藏经洞绢画　晚唐

图中小圆是头光，大圆是背光，画师将其同时绘出，以便直观理解。最外圈的花链代表光耀，佛或菩萨就安坐于其中，头部置于上部小圆部位。

半菱格纹圆光

莫高窟　14窟　晚唐

圆光中心云头纹的团花上叠加着光芒四射的晴日，一周菱角纹和云头纹罗列其外。青绿色系与赭石色系层层相融相配，用色上追求雅致与协调。

海石榴卷草纹圆光

莫高窟　196窟　晚唐

圆光中心的红底上盛开着五彩莲花，其外是设计精美的自由图案卷草纹。由于青、绿、红、橘黄等色的散点式均衡布局，使得画面有工艺复杂的华贵感，这是敦煌画师布色的一大特点。再细观其色彩，竟然就是外圈饰中的那几道边线的颜色。

网纹莲花圆光

莫高窟　196窟　晚唐

圆光内圈是网纹，像团花似的有多层结构，外圈是一周连续的心形纹饰，以云头纹锁扣，色彩搭配得偏冷艳。

转折云头纹圆光

莫高窟　9窟　晚唐

朱磲色的红底上是一圈青绿相间的转折云头形藻带，内圈以深浅不同的绿色系绘成环接式云头纹。色彩鲜艳而不浓重，显示了晚唐时期的纹饰构成与用色特点。

朱雀与日轮

莫高窟　9窟　晚唐

展翅亮相的朱雀，侧影映于赭红色的日轮中，朱雀昂首挺胸，尾羽卷曲后翻上扬，其阳刚之气势与日轮的火红形成了呼应效果。

月宫中说法

莫高窟　9窟　晚唐

一佛结跏趺坐于月宫中的凉亭前，双手举于胸前，作说法印。由于构图空间的局限，造型简洁明了。

回纹晕纹圆光

莫高窟　9窟　晚唐

红底色的圆心之外，罗列着一周变形成为圈饰的回纹，外层是一圈相对交错咬合的心形晕纹。内外均以红色为底，青色为纹，色与纹整体搭配得严谨稳重。

半菱格云头纹圆光

藏经洞绢画　晚唐

云头纹做着相容色的渐变，以简单的步骤发挥了青色的中和能力。圆光中心的细黄色、中层的红色与外层的灰青色形成了一种色彩互补的关系。

网纹云头纹圆光

莫高窟　156窟　晚唐

图案中的青绿色彩相配得十分成功，冷艳适度，原因是画师充分地协调了色彩的冷暖关系，比如大面积的青绿围绕着中心的暖色，外层的暖红分散于片片高冷的群青中，起着冷暖协调的作用，又用白色勾勒纹饰，对各色又一次进行了中和。

网纹半菱格圆光

莫高窟　156窟　晚唐

圆光以层层套叠的手法，将网纹、菱格纹、云头纹设计进圆形图案，色彩分明，以青绿为主色调，配色的面积与浓烈的主色调协调。

晕纹圆光

莫高窟　156窟　晚唐

此时的圆光进入了一个风格转变时期，已不局限于热烈、繁密的纹饰创作，色彩晕染渐变，试图用套叠、勾连等复杂的手法，创造出眼花缭乱的动感。

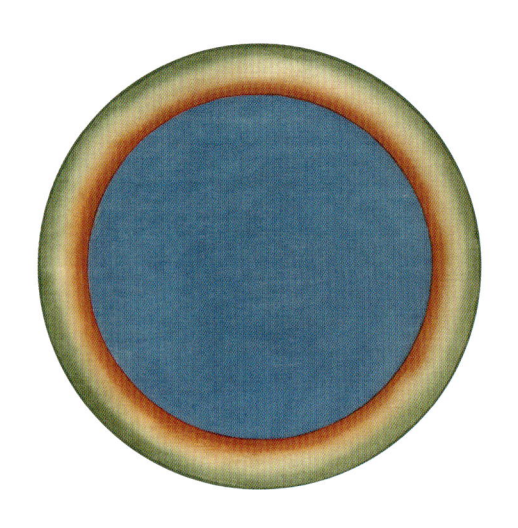

双层圆光

藏经洞绢画　晚唐

这是敦煌图案中最简易的圆光形式之一，圆光二层三色，内层石青平涂，外层红、绿两色通过晕染进行对接。

晕纹莲瓣圆光

藏经洞绢画　晚唐

晚唐、五代的敦煌圆光中大量出现了各式晕纹图案，此圆光中心是绿地圆心，其外围与晕纹中间是窄窄的一圈过渡云头纹，外层是舒展的莲瓣纹。纹饰稳重有致，不足之处在于色彩搭配上平添了一份俗意。

浪头晕纹圆光

藏经洞绢画　晚唐

这幅翻滚的浪头纹，为了使其更加形象，画师用晕染的方式绘出了立体效果，快速旋转中激起的浪花，跃然叠于下层波浪之上，更显飞旋时的动感。色彩从赭红至赭黄进行着从重到浅的系统渐变，虽不具五彩，亦非常精妙。

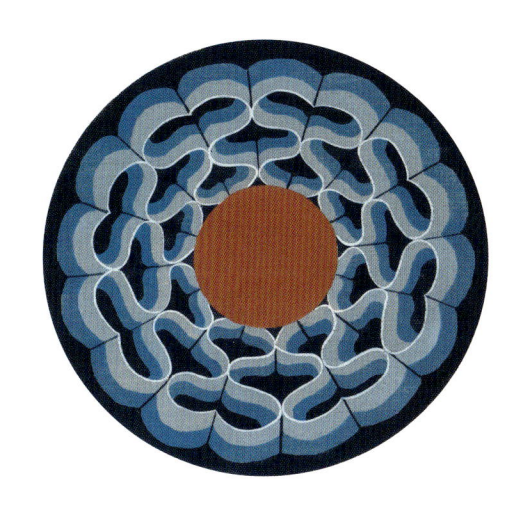

网纹圆光

藏经洞绢画　晚唐

连续四幅网纹圆光，不是莫高窟壁画，而是当初绘制壁画时画师的参考手稿，质地为绢或亚麻布，现藏于大英博物馆，作者根据其遗迹临绘。作品承载了古代画师丰富的想象力，他们认为，思想在空中的传播路线是网格状的，类似于今天的科幻画家对无线电波扩散途径的状态描绘。

七彩晕纹圆光

藏经洞绢画　晚唐

圆光以中轴线为基准向四周辐射扩散着彩晕，纹饰的变化有其内在规律，充满了迷幻的动感，图形的动与幻又万变不离其宗，代表着万物循环和轮回往复。

云头纹圆光

藏经洞绢画　晚唐

简单的双层圆光，土红为圆心，外层墨蓝的底色上，天蓝与灰白两色套绘出一圈规则的元宝形云头纹，外层色系统一，内外底色形成反差。

五彩晕纹圆光

藏经洞绢画　晚唐

图案有着流光溢彩的动感，犹如一个由内向外幻影游动的彩环，配色上冷暖色系适中，有规律地将各色编组排列，使得充满动感的扭曲色带也具有平衡感。

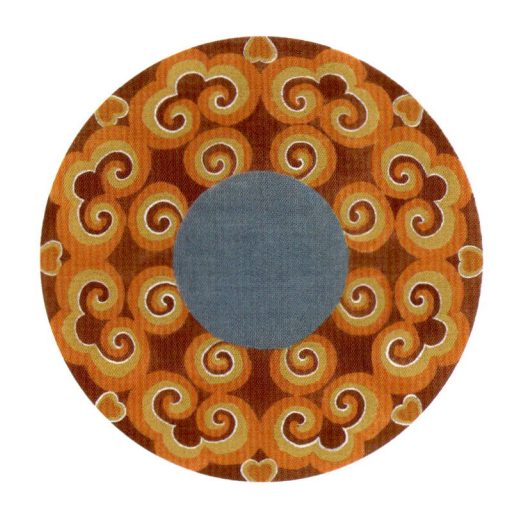

云头纹圆光

藏经洞绢画　晚唐

石青圆心外是铁红底色上均匀排布着的波浪形和山形云头纹，云头纹以赭石和土黄套色，白纹匀心。纹饰排放得四平八稳，色系统一。

网纹半菱格圆光

藏经洞绢画　晚唐

网纹从中唐起绘入壁画圆光的比例越来越高，藏经洞里的绢画也是如此。这种纹饰乍看上去构图很复杂，其实掌握了它的制图方法后，也是一种很容易起稿子的图案。此圆光外围是云头纹与菱角纹的交织，也成为各种色彩的交错呈现之处，纹饰的合理布局可以更好地均衡赋色。

云头纹圆光

藏经洞绢画　　晚唐

青心云头纹圆光，云头纹的适合纹组织得简洁大方巧妙。由浅至深的赭石色，在白线的勾描中，相和感强，层次感弱，中心的青色做点缀，活跃了整幅图案的气氛。

双色三层圆光

藏经洞绢画　　晚唐

三层圆光的内层由草绿晕染，色彩内浅外重；中层和外层的内侧均由橘红晕染，内重外浅；圆光的外层由外向内晕染的草绿色与圆心呼应，各层相互映衬着光晕的效果。

千手观音藻井心

莫高窟　161窟　晚唐

画师把千手千眼观音的千手设计成两个扇形拼成的一个圆形，菩萨正好结跏趺坐于中轴线上，背后的手既是菩萨的司职工具又是背光。背景色彩略浅，主体人物十分鲜艳，这样便由色彩分出了主体与背景的关系。

晕纹彩环圆光

藏经洞绢画　五代

圆光构图简单，圆心是石绿色，外环饰是布局排列有致的五彩色条，似乎有着可以对接当今艺术的现代气息。

心形半菱格纹圆光

莫高窟　36窟　五代

唐代以后的圆光，趋向于利用其圆形的几何构造特性，来创作各种适应性的纹饰，以层层围合便于绘制的模式进行构图。由于创作成分减弱，其艺术成就无法超越前朝。

云头半菱格纹圆光

莫高窟　36窟　五代

画师用近似蓝灰的淡色，大面积地描绘了棱角纹，奠定了其能与多种色系相容的基础，尽管这样，还是在所用的红绿等色中，选取了较淡色系，使多种颜色有了色调上的统一感。

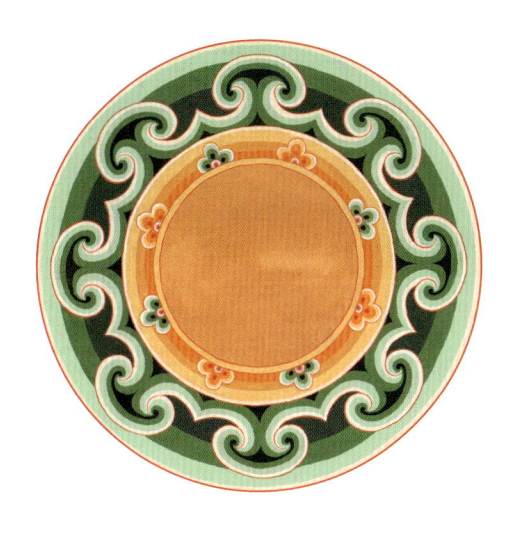

云头勾连纹圆光

莫高窟　36窟　五代

画师对绿系列色彩运用得恰到好处，不但丰富了色系，同时造就了立体效果，内圈橘黄到土黄色的渐变压住了橘黄色的鲜艳，又适中地突出了其主色的作用，这便是用了较少的元素体现了较高的难度。

云头莲瓣纹圆光

莫高窟　36窟　五代

圆光就像一朵怒放的云头纹大莲花，其内层绘一圈小云头纹，色彩匹配略有生硬之感。

云头纹圆光

莫高窟　36窟　五代

这是一轮双层云头纹圆光，云头纹的形态不同。画师运用了大面积的中性色，谨慎地防止艳俗，又觉过于灰暗，故用少量绿色进行小面积的点染，结果起到了很好的平衡作用。

月轮纹

藏经洞绢画　五代

在晚唐、五代的许多说法图场景的壁画上，会出现日月当空的布局。此图为明月中的桂花树，月光为金色，桂花树绘以苍劲的棕色树干和青翠欲滴的树叶。

日轮与朱雀

藏经洞绢画　五代

与日轮相映在一起的是中国文化图腾之一的朱雀。唐代以后，佛教与中国本土文化充分融合，中国古代神话中的朱雀进入到了佛教壁画中，这正见证了佛教中国化的进程。

团龙藻井心

莫高窟　61窟　五代

金龙腾跃出莲心中的绿色宝池，张牙舞爪地团成圆形，龙首正好绘在图案的正中心，周围色彩均为散点式套色，花花绿绿，无法稳定住视线，观者只能把注意力集中在龙身上。

双龙藻井心

莫高窟　55窟　五代

双龙交错腾跃于宝池的绿色水面上，莲花瓣隔着连珠纹翻转回转，整图以绿、蓝、青、紫布色，呈冷色调。

团龙藻井心

莫高窟　146窟　五代

仍然是相似的纹饰相似的团龙，不同的是色彩上与同时代渐行渐冷的趋势有了很大的反差。在青绿色系的围绕下，团龙与其光环饰以明黄色，耀眼夺目地提亮了中心区域，表明了主体所在，以后的朝代里明黄色渐成为皇权专用色。

日轮与朱雀

藏经洞绢画　北宋

日轮永远是一样的日轮，仅有色差而已。三足朱雀的尾羽和冠饰描绘得十分夸张，橘红色的底色昭示着火热的氛围，赭石色的朱雀跃然其上，有着凤凰涅槃的艺术效果。

月轮纹

藏经洞绢画　北宋

这是一幅要素完整的月宫图,在枝叶翠绿的桂树下,有捣药的玉兔和蟾蜍。

莲花圆光

莫高窟　窟号不详　宋代

这个圆光很别致,完全是一个华盖的仰视图。莲花居于中央,团花环饰外是垂角纹、帷幔和璎珞,由于华盖的圆形和圆光的圆形在形状上有共通之处,所以被灵感闪现的创作者共用了。

团龙藻井心

莫高窟　76窟　宋代

在敦煌艺术的后期,在配色特点上,除了以青绿为主的冷色之外,还出现了用金箔、金粉作绘画装饰材料的趋向。金色不管是作为装饰材料还是色彩,从宋初开始一直延续到敦煌艺术历程的最后。

风中火焰纹圆光

安西榆林窟　3窟　西夏

壁画中，一部分圆光带有表示智慧之光的火焰纹，绝大部分的火焰都是以圆光的中心立轴为准，左右两边对称上升，最后达到高点汇聚向上。也有少量圆光不是这样大众化的趋同，比如此圆光的火焰纹，描绘的是智慧第一的文殊菩萨在五台山道场说法时，微风吹拂，火焰随风飘摆，展现了自然灵动的艺术效果。

莲花童子

安西榆林窟　3窟　西夏

在敦煌壁画中，一般有背光、头光的人物形象都属于佛、菩萨级别的神灵，没有圆光在身的属于凡人。善财童子是菩萨级别的灵童，画师没有给他绘背光和头光，而是简单地用一圆环将其圈护，手法简单亦显神圣。此图中，童子手捧莲花前去拜会文殊菩萨。

天女舞月

安西榆林窟　3窟　西夏

本书除了集中介绍敦煌系列石窟中的圆光外，也将壁画中一些设计与描绘都很精彩的其他圆形图案画介绍于此。此图为藏传密宗题材，画面是藏汉文化结合的作品，是一位月宫桂树下的吉祥舞女。

团龙藻井心

莫高窟　234窟　西夏

生活在华夏文化区域的各个民族，都有着龙图腾崇拜的历史，西夏王国的主体民族党项族也不例外，况且西夏王国推广汉文化，所以象征着王权的龙继续腾跃于窟顶。

九佛藻井心

安西榆林窟　10窟　西夏

这是一幅带有浓重密教色彩的藻井心，八尊结跏趺坐佛环围一佛，莲座相对排开，正好形成一个圆形，为后面边饰的层层排开奠定了基调，色彩调配得浓重而清冷。

彩晕纹团龙藻井心

安西榆林窟　2窟　西夏

团龙威猛而强健，充满着力量。团龙之外有一大一小两圈相反运行的光环，随着腾龙的张力晕纹也充溢着飞旋的动感。色彩浓烈而稳重。

双凤平棋心

安西榆林窟　10窟　元代

幻化的双层环形晕纹之中，盘旋飞舞着一凤一凰，传说中凤为雄、凰为雌，是鸟中之王，与本时期层出不穷的龙纹相对应。图中的石黄色在敦煌图案中极少出现，用色清冷明丽。

龙纹莲花华盖

莫高窟　5窟　元代

这是一顶张开华盖的仰视图，中心莲花外一周旋转的晕纹，造成了向上升的视觉感。白珠纹外是一周七条口吐火焰的奔龙，足见工艺的精细。其外绘有方碧纹、垂角纹、连珠纹等，纹饰华贵，色彩浓丽，大有盛唐遗风。

群舞穹顶

库木吐喇石窟　46窟　龟兹

位于新疆库车的库木吐喇石窟，始建于西晋，是我国著名石窟群之一，也是佛教东传的过渡地带。此窟约开凿于初唐，窟内壁画已荡然无存，仅剩下残破的穹顶，作者将其复原完整。此顶壁画为石窟艺术珍品，迥别于敦煌藻井的建筑与绘制形制。十三尊菩萨围绕着中心金色重瓣莲花翩翩起舞，背景与衣着设色浓丽而富贵。人物的五官与肌肤运用了西域和印度式的凹凸晕染法，以表现立体效果。